まちごとインド

# ブッダガヤ
## East India 012 Buddha Gaya
### 「悟り」と菩提樹
बोधगया

Asia City Guide Production

## 【白地図】東インド

INDIA
東インド

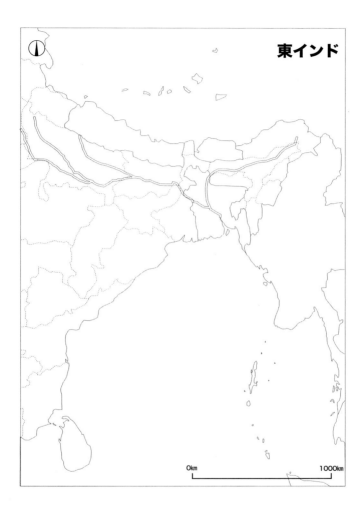

## 【白地図】ブッダガヤ近郊

**INDIA**
東インド

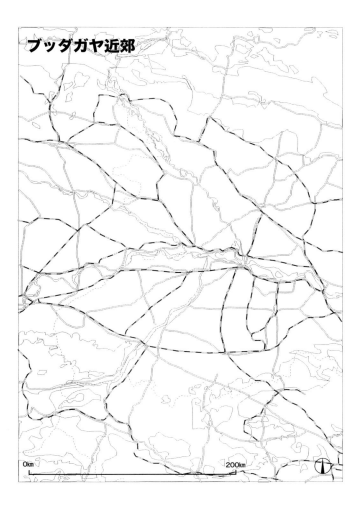

## 【白地図】ビハール州と仏教聖地

**INDIA**
東インド

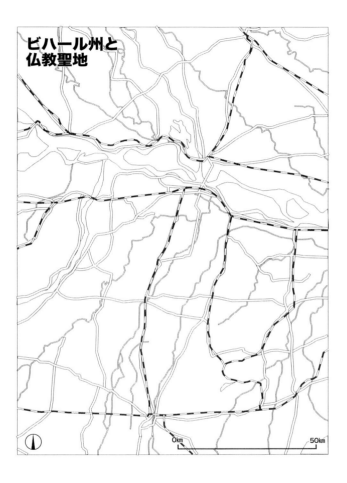

## 【白地図】ブッダガヤ

**INDIA**
東インド

## 【白地図】マハーボディ寺院

**INDIA**
東インド

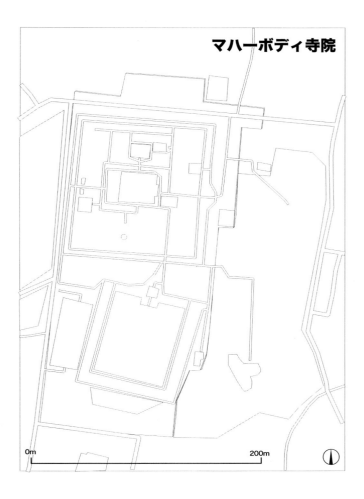

マハーボディ寺院

Buddha Gaya 白地図

## 【白地図】各国仏教寺院

**INDIA**
東インド

## 【白地図】ガヤとブッダガヤ

**INDIA**
東インド

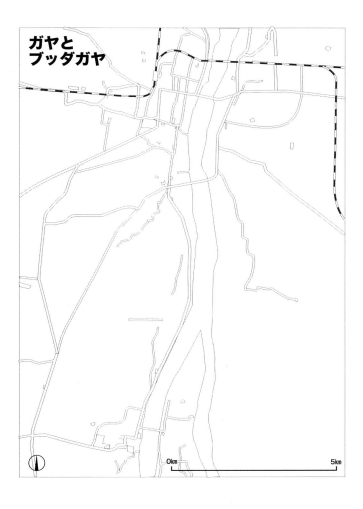

## 【白地図】ガヤ

**INDIA**
東インド

【まちごとインド】
東インド 002 コルカタ
**東インド 012 ブッダガヤ**

**INDIA**
東インド

今から2500年前の古代インドで、政治、経済、文化の中心だったビハール州。ブッダガヤはその南西に位置し、ここでゴータマ・シッダールタは悟りを開いて「ブッダ（目覚めた人）」となったことから仏教最高の聖地にあげられる。

紀元前5世紀ごろ、インド世界の北でシャカ族の王子として生まれたシッダールタは、29歳のとき、「生老病死」という人間の避けられない運命、苦しみからの解脱を求めて出家を決意した。シッダールタはウルヴェーラの森（ブッダガヤ

# Buddha Gaya
ブッダガヤ
बोधगया

近く）で6年間、絶食や痛みをともなう苦行にはげんだが、それでは真の解脱は得られないと考えるようになった。

　娘スジャータの乳粥で弱った身体を回復させ、ピッパラ樹のもとで瞑想をはじめたシッダールタはついに悟りを開いた。ブッダの教えはインドからアジア全域に仏教が広がり、現在ではミャンマー、チベット、ブータン、日本など各地の仏教徒がブッダガヤへ巡礼に訪れている。

## 【まちごとインド】
## 東インド 012 ブッダガヤ

**INDIA**
東インド

| 目次 |
| --- |

ブッダガヤ ……………………………………………………… xviii

古代印度を伝えるビハール ……………………………… xxiv

ブッダガヤ城市案内 …………………………………………… xxxiv

郊外城市案内 …………………………………………………………… l

ガヤ城市案内 ………………………………………………………… lvii

日本に伝わった仏教 ……………………………………… lxviii

## 【MEMO】

## 【地図】東インド

**INDIA**
東インド

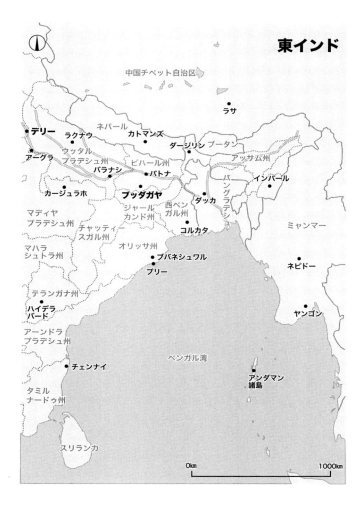

# 古代印度を伝えるビハール

**INDIA**
東インド

氾濫を繰り返すガンジス河
灼熱の太陽、雨季と乾季が循環する世界
峻烈な環境のなか仏教は生まれた

### 古代インドの先進地

ブッダガヤのあるビハール州は、古代インド世界の中心に位置し、ビハールという名前は「僧院（ヴィハーラ）」に由来する。ガンジス河の恵みで育まれたこの地域を中心に、古代インドには16の大国があり、なかでもマガタ国とコーサラ国が優勢だった（ブッダが生まれたシャカ族はコーサラ国の領土内に暮らしていた）。やがてマガダ国からインド全域を支配するマウリヤ朝が出るが、ビハールの地はインドの歴史がはじまって以来1000年のあいだ先進地の座をしめていた。一方で、度重なるガンジス河の氾濫や水害、干ばつが絶えず、厳しい自然環境におかれ

Buddha Gaya　古代印度を伝えるビハール

てきたため、「この世は苦しみ」ととらえられ、そこから解脱するための宗教が発達した。

**多様な宗教を育んだ大地**

ブッダが生きた時代のインドでは、バラモン（司祭者）を頂点としてクシャトリヤ（王侯貴族）、ヴァイシャ（平民）、シュードラ（隷属的労働者）へ続く身分制度が根づいていた。このような状況からガンジス河中流域（上流を拠点としたバラモンの影響がおよびづらかった）では、それまでなかった王族や商人といった新たな層と、宿命論、相対論、懐疑論、道徳否定論な

# 【地図】ブッダガヤ近郊

## 【地図】ブッダガヤ近郊の [★★★]
- [ ] ブッダガヤ Buddha Gaya

## 【地図】ブッダガヤ近郊の [★☆☆]
- [ ] ガヤ Gaya
- [ ] バラーバル石窟 Barabar Caves

**INDIA**
東インド

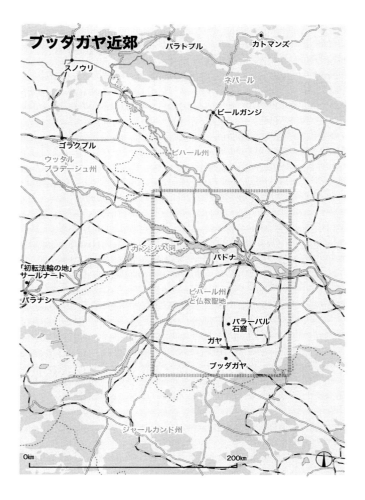

# 【地図】ビハール州と仏教聖地

## 【地図】ビハール州と仏教聖地の [★★★]
- [ ] ブッダガヤ Buddha Gaya

## 【地図】ビハール州と仏教聖地の [★☆☆]
- [ ] ガヤ Gaya
- [ ] バラーバル石窟 Barabar Caves

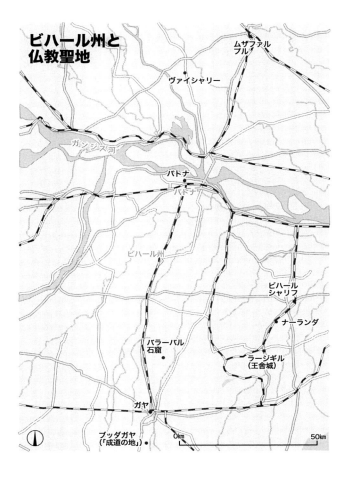

## INDIA
東インド

どの新思想を説く宗教者が登場し、仏教やジャイナ教もそのなかのひとつであった。これらの人々は「いかにすれば解脱できるか」ということを考え、悟りを開いたのはブッダだけでなく、同じくビハールを活動の場としたジャイナ教のマハービーラも悟りを開いた者だとされる。

### 仏教、ヒンドゥー教、出家者たちの街

今から2500年前のブッダが生きた時代、ウルヴェーラの森と呼ばれていたブッダガヤの地では、さまざまな信仰をもった出家者が修行にはげんでいた。この地はブッダが悟りを開いたこと

▲左 大精舎には金色に輝く仏像が安置されている。 ▲右 大精舎を前にたたずむ仏僧たち

で、仏教最高の聖地とされているが、インドでは2〜4世紀に仏教はヒンドゥー教に吸収され、その後、仏教教団はついえた。ブッダガヤから北10kmのガヤはヒンドゥー教ヴィシュヌ派の聖地で、中世においてはバラナシとならぶ繁栄をしていたとされる。

### ブッダガヤの「発見」

世界中から巡礼者を集める聖地ブッダガヤ。この聖地がエルサレムやメッカと異なるのは、聖地の機能がブッダの時代から連綿と続いてきたわけではないところ。インドではヒンドゥー教

**INDIA**
東インド

▲左　ブッダの死後、仏像が彫られるようになった。　▲右　ブッダの教えは遠く日本にも伝わっている

に吸収されたり、中世、イスラム勢力の侵入を受けるなかで、仏教は風化してしまっていた。長いあいだインドではブッダガヤの存在は忘れ去られ、ブッダが実在の人物であることも信じられていなかった（ヴィシュヌ神の化身と見られていた）。こうしたなかインドがイギリスの植民地となった19世紀、イギリス人学者カニンガムによってブッダガヤが「発見」された。当時、インドには仏教徒がほとんどおらず、ミャンマーなど他の仏教国の援助を受けながら、聖地として整備され復興が進んでいった。

**仏教四大聖地**

**ルンビニ**
ブッダが生まれた「生誕の地」

**ブッダガヤ**
悟りを開いた「成道の地」

**サールナート**
はじめてその教えを
説いた「初転法輪の地」

**クシナガル**
沙羅双樹のしたで
涅槃へいたった
「入滅の地」

**Guide, Buddha Gaya**

# ブッダガヤ
# 城市案内

INDIA
東インド

菩提樹のしたで瞑想をはじめたシッダールタは
ついに悟りを開き「ブッダ（目覚めた人）」となった
悟りを開いたその場所には今も菩提樹が茂る

## महाबोधी मंदिर；マハーボディ寺院 Mahabodhi Temple [★★★]

天をつくようにそびえる四角すいの塔をもつマハーボディ寺院。今から2500年も昔、この世の苦しみからの解脱を求めて出家したゴータマ・シッダールタが悟りを開いた菩提樹のそばに立つ。紀元前3世紀、仏教の保護者であったマウリヤ朝のアショカ王によって建てられたのがはじまりと伝えられ、悟りの菩提樹の周囲は欄楯でとり囲まれて仏教徒の修業の場となっていたという。今の寺院の原型は7世紀に建てられ、高塔をもつ大精舎は、グプタ朝からパーラ朝（ベンガルに興り、仏教を保護した）時代の様式を伝えるという。破

▲左　ブッダが悟りを開いたすぐそばに茂る菩提樹。　▲右　高さ53ｍの大精舎、修復中だった

壊と修復を何度も繰り返していて、とくに12〜13世紀、19世紀に大幅に改築されている。現在、仏教の聖地ブッダガヤの象徴的建物として世界遺産に登録されている。

## 大精舎（だいしょうじゃ）[★★★]

マハーボディ寺院の本殿にあたる高塔式の精舎。その高さは53mにもなる。外側壁面には、大きな窓、仏龕などがほどこされ、本体四方に同型の小さな塔をしたがえる。なかには黄色い袈裟をまとった金箔の仏像が安置され、手をあわてお祈りをする人々の姿が見られる（ほかにも大塔内部には仏像

## 【地図】ブッダガヤ

### 【地図】ブッダガヤの [★★★]
- [ ] マハーボディ寺院 Mahabodhi Temple
- [ ] 大精舎（だいしょうじゃ）

### 【地図】ブッダガヤの [★★☆]
- [ ] 各国仏教寺院 Buddhist Temple
- [ ] スジャータ村（セナーニ村）Sujata Village

### 【地図】ブッダガヤの [★☆☆]
- [ ] ネーランジャラー河 Niranjana River

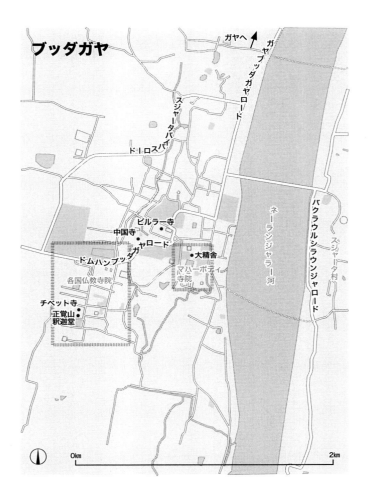

Buddha Gaya ブッダガヤ城市案内

## 【地図】マハーボディ寺院

### 【地図】マハーボディ寺院の [★★★]
- [ ] マハーボディ寺院 Mahabodhi Temple
- [ ] 大精舎（だいしょうじゃ）
- [ ] 菩提樹（ぼだいじゅ）

### 【地図】マハーボディ寺院の [★☆☆]
- [ ] 欄楯（らんじゅん）
- [ ] トーラナ [門]
- [ ] 経行処（きょうぎょうしょ）

# マハーボディ寺院

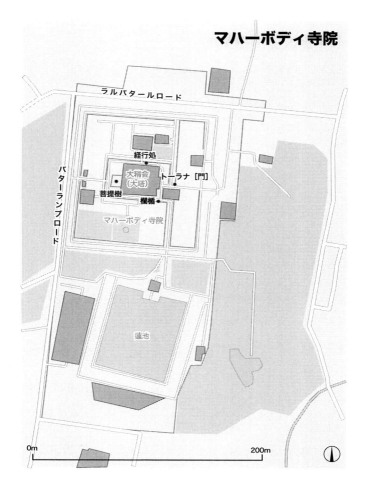

**INDIA**
東インド

や仏教経典がおかれている)。この精舎は7世紀に建てられたと言われるが、現在のものは1870年代末から隣国ミャンマーの仏教徒の寄進によって改築されたものとなっている。

### 菩提樹（ぼだいじゅ）[★★★]

ブッダが悟りを開いたという場所に茂るこの菩提樹。灼熱の太陽をさけるため、古代インドの修行者はピッパラ樹（菩提樹）の木かげで瞑想を行なっていた。ゴータマ・シッダールタは実際、この場所にあったピッパラ樹のしたで瞑想し、悟りを開いたことから、ピッパラ樹が菩提樹と呼ばれるように

▲左　ブッダが歩いたあとには蓮の花が咲いたと伝えられる。　▲右　マハーボディ寺院の中心に立つ大精舎、その中心にある仏像

なった（現在見られる菩提樹は、何度も切り倒されたあとに再び植えられたもの）。ブッダが生きた時代の菩提樹からとった若木は、アショカ王の娘によってスリランカのアヌラダープラにまで運ばれたという。

### 金剛宝座（こんごうほうざ）[★☆☆]

ブッダが坐して瞑想を行ない、悟りを開いたその場所にある金剛宝座。紀元前3世紀、仏教を保護したマウリヤ朝のアショカ王によっておかれたと伝えられる。

## INDIA
東インド

**欄楯（らんじゅん）[★☆☆]**
寺院をとり囲むようにはりめぐらされた欄潤は、マハーボディ寺院に残る遺構のなかではもっとも古い時代のもの（紀元前2世紀のジュンガ朝時代にさかのぼるという）。ブッダにまつわる説話、ペルシャの影響という有翼の獅子や馬などの動植物の装飾などの浮き彫りが見られる。非常に価値が高いものなので、レプリカが代わりにおかれ、本物は遺跡の南西にある博物館に安置されている。

▲左　マハーボディ寺院内にはいくつものストゥーパが立つ。　▲右　寺院をとり囲む欄楯

## トーラナ［門］［★☆☆］

マハーボディ寺院の正門の役割を果たしているトーラナ。サンチーのストゥーパなどでも確認できるトーラナは、聖域への入口におかれるもので、その様式から日本の神社で見られる鳥居との関係性が指摘される。

## 経行処（きょうぎょうしょ）［★☆☆］

蓮花の石彫彫刻がいくつも見られる経行処。ブッダが歩いた跡には蓮が咲いたという言い伝えにちなむもので、アショカ王の時代からこうした装飾がほどこされるようになった。「精

## INDIA
東インド

神を統一して一定の場所を歩く」という修行が経行と呼ばれている。

### ストゥーパ［仏塔］［★☆☆］
マハーボディ寺院の敷地内にはいくつものストゥーパがたちならんでいる。ブッダの遺灰を8つにわけておさめたのがストゥーパのはじまりで、やがてストゥーパそのものが信仰の対象とみなされるようになった。ストゥーパが伝播する過程で、中国建築の影響を受けていることから、日本の寺で見られる塔は楼閣式となっている。

▲左　世界中の仏教国が競うようにこの地に寺院を建てている。　▲右　熱心にお経を読むチベット仏教僧に出会った

# बौद्ध मंदिर；各国仏教寺院 Buddhist Temple ［★★☆］

仏教の聖地ブッダガヤには、仏教を信仰する各国の寺がならびたつ。チベット寺、ミャンマー寺、スリランカ寺、日本寺、中国寺など諸外国の寺がそれぞれの建築様式で建てられており、とくに中央アジア経由の大乗仏教の寺院と東南アジアなどの小乗仏教の寺院では寺のおもむきが異なる。世界各国からブッダガヤを訪れた巡礼者はそれぞれの寺院で宿泊する。

## INDIA
東インド

## फल्गु नदी ; ネーランジャラー河 Niranjana River [★☆☆]

ブッダが悟りを開く前に沐浴したというネーランジャラー河。ウルヴェーラの森、前正覚山といったところで苦行したシッダールタは、スジャータの乳粥を受け、体力を回復させたあと、この河で身を清めた。仏教説話などで伝えられているように、ブッダの時代からの流れをたたえている。

## 【MEMO】

Buddha Gaya ブッダガヤ城市案内

## 【地図】各国仏教寺院の [★★☆]

- [ ] 各国仏教寺院 Buddhist Temple

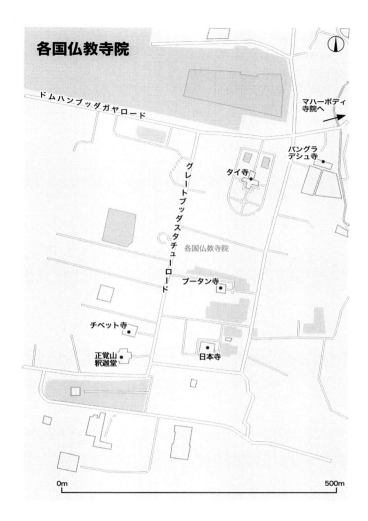

# Guide,
# Around Buddha Gaya
# 郊外
# 城市案内

INDIA
東インド

わずかに水をたたえるネーランジャラー河のほとり
ゴータマ・シッダールタが苦行し
そしてここで乳粥を飲んだ

## सुजाता；スジャータ村（セナーニ村）Sujata Village［★★☆］

ブッダガヤ近郊のスジャータ村には、ゴータマ・シッダールタが苦行したウルヴェーラの森、シッダールタが身を清めたネーランジャラー河、身体の衰弱したシッダールタに乳粥をあたえたスジャータをまつる寺院、大きなストゥーパの基壇など、悟りを開いてブッダとなる前の仏教ゆかりの場所が点在する。またあたりは美しい田園風景が広がっている。

## सुजाता मंदिर；スジャータ寺院 Sujata Temple ［★☆☆］

シッダールタに乳粥を捧げたスジャータがまつられたスジャー

▲左 スジャータ寺院、乳粥をシッダールタにあたえた。　▲右 田植えをする人々

タ寺院。シッダールタを助け、そのあとシッダールタが悟りを開いたことから、スジャータも信仰対象になった。またスジャータの家と伝えられる場所にストゥーパが立つほか、ネーランジャラー河ほとりにはスジャータの家が再現されている。

### ウルヴェーラの森で苦行

ウルヴェーラの森(「広い岸辺」という意味)は、カピラヴァストゥの王子であったゴータマ・シッダールタが出家したのち、6年間の苦行をしたところ。ここでシッダールタは、5人の修行者とともに己の身体を痛めつけたり、食事をたつといった苦

**INDIA**
東インド

行をすることで解脱を試みた。のちに苦行をやめて悟りを開くと、シッダールタは「ブッダ」、ピッパラ樹は「菩提樹」、ウルヴェーラの森は「ブッダガヤ」と名前を変えることになった。ウルヴェーラの森という名前のとおり、かつて森でおおわれていたとされるが、現在はところどころに木が茂っている。

## महाकाल पर्वत；前正覚山 Mahakala Mountain ［★☆☆］

スジャータ村の北東にそびえる岩山、前正覚山。ブッダが苦行を行なっていたという洞窟が残っている。

## 【MEMO】

## 【地図】ガヤとブッダガヤ

### 【地図】ガヤとブッダガヤの [★★★]
- [ ] ブッダガヤ Buddha Gaya
- [ ] マハーボディ寺院 Mahabodhi Temple

### 【地図】ガヤとブッダガヤの [★★☆]
- [ ] スジャータ村（セナーニ村）Sujata Village

### 【地図】ガヤとブッダガヤの [★☆☆]
- [ ] スジャータ寺院 Sujata Temple
- [ ] 前正覚山 Mahakala Mountain
- [ ] ガヤ Gaya
- [ ] ヴィシュヌパド寺院 Vishnupadh Temple

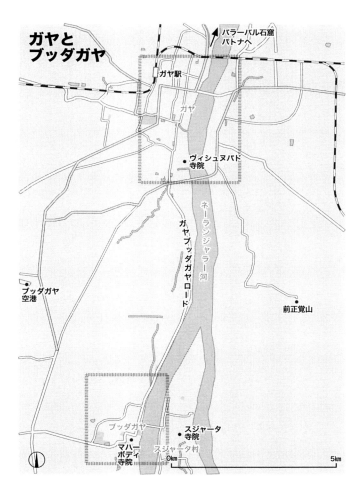

▲左　ヒンドゥー教でブッダはヴィシュヌ神の化身。　▲右　ブッダが苦行をしたという前正覚山が見える

## ブッダはヴィシュヌ神の化身

仏教の開祖として知られるブッダは、ヒンドゥー教ではヴィシュヌ神の9番目の化身として信仰されている。ヴィシュヌ神はシヴァ神とならぶヒンドゥー教の二大神で、「友愛」や「調和」を象徴する。シヴァ派がドゥルガー女神やガネーシャ神といったインド各地の神々をその配偶者や子どもとしてとりこんだのに対して、ヴィシュヌ派はラーマ王子やクリシュナ、ブッダをその化身とすることで信仰を体系づけた。ブッダガヤへの足がかりになるガヤはヴィシュヌ神の聖地として知られる。

# Guide, Gaya
# ガヤ城市案内

ブッダガヤへの起点となる街、ガヤ
ここはヴィシュヌ神の足あとが残るヒンドゥー聖地
インドの多様な宗教世界が交錯する

## गया ; ガヤ Gaya ［★☆☆］

ブッダガヤへの足がかりとなるガヤ（ジャールカンド州に近いチョタナーグプル丘陵の北麓に位置する）。ここは「祖霊の地」として信仰を受けるヒンドゥー教聖地のひとつで、ブッダガヤと区別してブラフマガヤと呼ばれることもある。もともと出家したシッダールタがガヤの近くで修行していたのは、この街が宗教者の集まる場所だったためで、時代がくだった9～12世紀ごろにはバラナシとならぶ宗教聖地だった。ヴィシュヌパド寺院のある旧市街とは別に、イギリス統治時代に整備されたシェヘーブガンジがあり、米や小麦、さ

**INDIA**
東インド

とうきびなどが集散され、軽工業がさかんな街となっている。

### 祖先供養の街

ガヤはバラナシ、アラハバード(ともにウッタル・プラデーシュ州)とならぶ三大祖霊地とされ、ヒンドゥー暦アーシュヴィナ月(9月ごろ)にはインド中から巡礼者が集まる。人々はまずファルグ河岸のガートで沐浴し、その後、旧市街のヴィシュヌパド寺院に巡礼して、先祖を供養する。神話によれば、昔、ここにはガヤという名の悪魔がいて、苦行を続けたためにヴィシュヌ神に認められ、その身体は聖なるものとなった。

**【MEMO】**

## 【地図】ガヤの [★☆☆]

- [ ] ガヤ Gaya
- [ ] ヴィシュヌパド寺院 Vishnupadh Temple

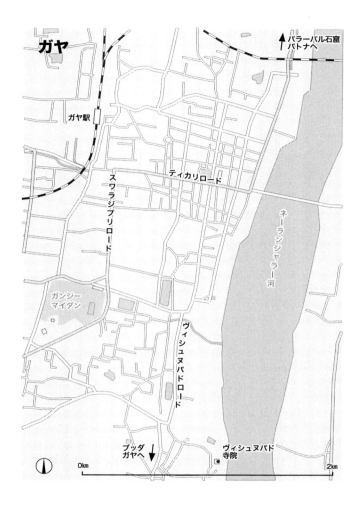

**INDIA**
東インド

そのため、ガヤの身体（と街を見立てている）で祖先を供養すれば、どんな人も天界へ行くことができるのだという。

## विष्णुपद मंदिर ;
### ヴィシュヌパド寺院 Vishnupadh Temple ［★☆☆］

ヒンドゥー教の聖地であるガヤを流れるファルグ河のほとりに立つヴィシュヌパド寺院。ヴィシュヌパドとは「ヴィシュヌ神の足あと」を意味し、寺院内にはヴィシュヌ神の足あとが刻まれた石が残っている。この場所にはもともと仏教寺院があったとされるが、ヒンドゥー教が興隆した2～4世紀ご

▲左　ガヤには多くの巡礼者が訪れる。　▲右　ガヤから南下したブッダガヤの路上にて

ろにヒンドゥー教ヴィシュヌ派の寺院になったという。現在の寺院は1787年にインドール（マディヤ・プラデシュ州）の王妃アハイヤーバーイによって建てられたもので、異教徒は立ち入ることができない。

## दुनेश्वरी ; 象頭山 Gayasisa ［★☆☆］

ガヤ郊外にそびえる象頭山は、ブッダの生きた時代から霊性があると信じられていた。多くの出家者、苦行者がここに集まり、なかでも火への信仰をもつカッサバの三兄弟が住処としていたとされる（アーリア人が信仰対象とした拝火教の足

## INDIA
東インド

跡は古代インドやイランなどで見られる)。この拝火教徒に対して、ブッダは神通力を発揮して「あらゆるものは燃えている、燃えているとはどういうことか」という言葉とともにカッサバに仏法を説いたという。ブッダの話を聴いたカッサバ三兄弟は仏教に帰依し、仏教がマガダ国に広がるきっかけになった。

▲左　ほこりが立つガヤ市内。　▲右　ガヤ郊外の象頭山、ガヤはヒンドゥー教の聖地

## बराबर गुफा ; バラーバル石窟 Barabar Caves ［★☆☆］

ガヤ北のバラーバル丘には、紀元前3世紀ごろから掘られた石窟群が残り、「法の王」と呼ばれたアショカ王の碑文も見られる。このアショカ王の碑文から、バラーバル石窟は仏教ではなく、アージヴィカ教に寄進されたものだと考えられる（当時、ジャイナ教などとともに勢力をほこった）。インド最古級の石窟寺院だとされ、アージヴィカ教の遺跡はきわめて貴重なものとなっている。

**INDIA**
東インド

### 百花繚乱の古代宗教

アージヴィカ教は古代インドの宗教で、紀元前3世紀のマウリヤ朝の時代、仏教やジャイナ教とともに勢力をもっていた。アージヴィカ教では、人間の意思や努力は否定され、運命はもともと決まっているという宿命論、運命論が説かれた。この宗教のように、ブッダの時代には（仏教側から）六師外道と呼ばれる、道徳否定論者、懐疑論者、相対論者（ジャイナ教）などさまざまな宗教を説く人々がいて、ガヤはそういった人々が集まる宗教都市となっていた。

# 日本に伝わった仏教

**INDIA** 東インド

今から2500年も昔にインドで生まれた仏教
その教えは長い時間をかけ、アジア全域に広がった
キリスト教、イスラム教とならぶ世界宗教

### 大乗仏教と小乗仏教

多くの日本人が信仰している仏教は、インドから中央アジア、中国を経て伝えられた大乗仏教（北伝仏教）の一派で、東南アジアやスリランカなどで信仰されている小乗仏教（南伝仏教）とは異なる。仏教初期の姿をとどめていると言われる小乗仏教が、「自らの修行によって解脱を目指す」のに対して、大乗仏教では菩薩やさまざまな仏が人々を導く「救いの思想」があるという。日本仏教は中国仏教の影響を受けたうえで発展し、漢籍の経典が使用されている。ブッダガヤは、ボードガヤーといった呼び方のほかに仏陀伽耶と表記される。

Buddha Gaya 日本に伝わった仏教

### 人間シッダールタとは

「お釈迦さま」の名で知られるゴータマ・シッダールタは、紀元前5世紀ごろに実在した人物で、北インドのシャカ族の王子として何不自由なく育っていた。こうしたなか人間が逃れることができない「生老病死」といった運命をいかに克服するか、と悩んで出家を決意したと言われる。まず向かったのは、マガタ国の都ラージャグリハ（王舎城）で、そこには自由思想家たちが集まっていたが、シッダールタを満足させることなく、断食などの苦行を選ぶことにした。6年間の苦行ののちそれをやめ、瞑想して悟りを開いたシッダールタは

**INDIA**
東インド

「ブッダ(目覚めた人)」と呼ばれるようになった。

### 悟りとは

菩提樹の下でブッダが悟ったのは、あらゆるものには因果関係があるという「縁起の理法」だと言われている。「人は欲による妄執のために執着し、執着心によって苦悩する」、けれども「妄執がなければ、執着がなくなり、欲がなくなり、ありのままの世界と向かいあえる」。ブッダが悟ったとされる「縁起の理法」は、くわしくは『原始仏教』(中村元／日本放送出版協会)などで説明されている。

▲左　マハーボディ寺院、南側に広がる蓮池。　▲右　大精舎へ向かう仏僧、ここは仏教徒にとって特別な地

## 仏教教団の誕生

悟りを開いたブッダは、かつてブッダガヤで苦行をともにした5人の出家者がいるバラナシ郊外のサールナートへ向かった。彼らははじめ、苦行を投げ出したブッダを軽蔑していたが、ブッダの話を聴くと、たちまち仏教に帰依し、ここに教団が誕生した。ブッダのもとには彼の教えを敬う人々が集まり、雨季にはひとつの場所で滞在し（竹林精舎や祇園精舎での雨安居）、そのほかはガンジス河中流域を旅しながら、修行と教化の日々を送った。ブッダがクシナガラの沙羅双樹のしたで涅槃にはいったあと、その教えは弟子たちによって広

## INDIA
東インド

められ、日本に仏教が伝来したときには仏教誕生から 1000 年もの月日がたっていた。

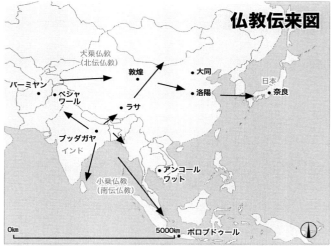

## 参考文献

『ゴータマ・ブッダ』（中村元 / 春秋社）

『ブッダ大いなる旅路』（NHK「ブッダ」プロジェクト / 日本放送出版協会）

『仏陀を歩く』（白石凌海 / 講談社）

『世界の歴史３古代インドの文明と社会』（山崎元 / 中央公論社）

『北インド』（辛島昇・坂田貞二 / 山川出版社）

『インド建築案内』（神谷武夫 / TOTO出版）

『世界大百科事典』（平凡社）

# まちごとパブリッシングの旅行ガイド
Machigoto INDIA , Machigoto ASIA , Machigoto CHINA

## 【北インド - まちごとインド】

001 はじめての北インド
002 はじめてのデリー
003 オールド・デリー
004 ニュー・デリー
005 南デリー
012 アーグラ
013 ファテープル・シークリー
014 バラナシ
015 サールナート
022 カージュラホ
032 アムリトサル

## 【西インド - まちごとインド】

001 はじめてのラジャスタン
002 ジャイプル
003 ジョードプル
004 ジャイサルメール
005 ウダイプル
006 アジメール（プシュカル）
007 ビカネール
008 シェカワティ
011 はじめてのマハラシュトラ
012 ムンバイ
013 プネー
014 アウランガバード
015 エローラ
016 アジャンタ
021 はじめてのグジャラート
022 アーメダバード
023 ヴァドダラー（チャンパネール）
024 ブジ（カッチ地方）

## 【東インド - まちごとインド】

002 コルカタ
012 ブッダガヤ

## 【南インド - まちごとインド】

001 はじめてのタミルナードゥ
002 チェンナイ
003 カーンチプラム
004 マハーバリプラム
005 タンジャヴール
006 クンバコナムとカーヴェリー・デルタ
007 ティルチラパッリ
008 マドゥライ
009 ラーメシュワラム
010 カニャークマリ
021 はじめてのケーララ
022 ティルヴァナンタプラム
023 バックウォーター（コッラム〜アラップーザ）
024 コーチ（コーチン）
025 トリシュール

## 【ネパール - まちごとアジア】

001 はじめてのカトマンズ
002 カトマンズ
003 スワヤンブナート

004 パタン
005 バクタプル
006 ポカラ
007 ルンビニ
008 チトワン国立公園

## 【バングラデシュ - まちごとアジア】

001 はじめてのバングラデシュ
002 ダッカ
003 バゲルハット（クルナ）
004 シュンドルボン
005 プティア
006 モハスタン（ボグラ）
007 パハルプール

## 【パキスタン - まちごとアジア】

002 フンザ
003 ギルギット（KKH）
004 ラホール
005 ハラッパ
006 ムルタン

## 【イラン - まちごとアジア】

001 はじめてのイラン
002 テヘラン
003 イスファハン
004 シーラーズ
005 ペルセポリス
006 パサルガダエ（ナグシェ・ロスタム）
007 ヤズド
008 チョガ・ザンビル（アフヴァーズ）
009 タブリーズ
010 アルダビール

## 【北京 - まちごとチャイナ】

001 はじめての北京
002 故宮（天安門広場）
003 胡同と旧皇城
004 天壇と旧崇文区
005 瑠璃廠と旧宣武区
006 王府井と市街東部
007 北京動物園と市街西部
008 頤和園と西山
009 盧溝橋と周口店
010 万里の長城と明十三陵

## 【天津 - まちごとチャイナ】

001 はじめての天津
002 天津市街
003 浜海新区と市街南部
004 薊県と清東陵

## 【上海 - まちごとチャイナ】

001 はじめての上海
002 浦東新区
003 外灘と南京東路
004 淮海路と市街西部
005 虹口と市街北部
006 上海郊外（龍華・七宝・松江・嘉定）
007 水郷地帯（朱家角・周荘・同里・甪直）

## 【河北省 - まちごとチャイナ】

001 はじめての河北省
002 石家荘
003 秦皇島
004 承徳
005 張家口
006 保定
007 邯鄲

## 【江蘇省 - まちごとチャイナ】

001 はじめての江蘇省
002 はじめての蘇州
003 蘇州旧城
004 蘇州郊外と開発区
005 無錫
006 揚州
007 鎮江
008 はじめての南京
009 南京旧城
010 南京紫金山と下関
011 雨花台と南京郊外・開発区
012 徐州

## 【浙江省 - まちごとチャイナ】

001 はじめての浙江省
002 はじめての杭州
003 西湖と山林杭州
004 杭州旧城と開発区
005 紹興
006 はじめての寧波
007 寧波旧城
008 寧波郊外と開発区
009 普陀山
010 天台山
011 温州

## 【福建省 - まちごとチャイナ】

001 はじめての福建省
002 はじめての福州
003 福州旧城
004 福州郊外と開発区
005 武夷山
006 泉州
007 厦門
008 客家土楼

## 【広東省 - まちごとチャイナ】

001 はじめての広東省
002 はじめての広州
003 広州古城
004 天河と広州郊外
005 深圳（深セン）
006 東莞
007 開平（江門）
008 韶関
009 はじめての潮汕
010 潮州
011 汕頭

## 【遼寧省 - まちごとチャイナ】

001 はじめての遼寧省
002 はじめての大連
003 大連市街
004 旅順
005 金州新区

006 はじめての瀋陽
007 瀋陽故宮と旧市街
008 瀋陽駅と市街地
009 北陵と瀋陽郊外
010 撫順

## 【重慶 - まちごとチャイナ】

001 はじめての重慶
002 重慶市街
003 三峡下り（重慶〜宜昌）
004 大足

## 【香港 - まちごとチャイナ】

001 はじめての香港
002 中環と香港島北岸
003 上環と香港島南岸
004 尖沙咀と九龍市街
005 九龍城と九龍郊外
006 新界
007 ランタオ島と島嶼部

## 【マカオ - まちごとチャイナ】

001 はじめてのマカオ
002 セナド広場とマカオ中心部
003 媽閣廟とマカオ半島南部
004 東望洋山とマカオ半島北部
005 新口岸とタイパ・コロアン

## 【Juo-Mujin（電子書籍のみ）】

Juo-Mujin 香港縦横無尽
Juo-Mujin 北京縦横無尽
Juo-Mujin 上海縦横無尽

## 【自力旅游中国 Tabisuru CHINA】

001 バスに揺られて「自力で長城」
002 バスに揺られて「自力で石家荘」
003 バスに揺られて「自力で承徳」
004 船に揺られて「自力で普陀山」
005 バスに揺られて「自力で天台山」
006 バスに揺られて「自力で秦皇島」
007 バスに揺られて「自力で張家口」
008 バスに揺られて「自力で邯鄲」
009 バスに揺られて「自力で保定」
010 バスに揺られて「自力で清東陵」
011 バスに揺られて「自力で潮州」
012 バスに揺られて「自力で汕頭」
013 バスに揺られて「自力で温州」

【車輪はつばさ】
南インドのアイラヴァテシュワラ寺院には建築本体に車輪がついていて寺院に乗った神さまが人びとの想いを運ぶと言います。

・本書はオンデマンド印刷で作成されています。
・本書の内容に関するご意見、お問い合わせは、発行元の
　まちごとパブリッシング info@machigotopub.com までお願いします。

まちごとインド
### 東インド012ブッダガヤ
～「悟り」と菩提樹 [モノクロノートブック版]

2017年11月14日　発行

| | |
|---|---|
| 著　者 | 「アジア城市（まち）案内」制作委員会 |
| 発行者 | 赤松　耕次 |
| 発行所 | まちごとパブリッシング株式会社 |
| | 〒181-0013　東京都三鷹市下連雀4-4-36 |
| | URL　http://www.machigotopub.com/ |
| 発売元 | 株式会社デジタルパブリッシングサービス |
| | 〒162-0812　東京都新宿区西五軒町11-13 |
| | 清水ビル3F |
| 印刷・製本 | 株式会社デジタルパブリッシングサービス |
| | URL　http://www.d-pub.co.jp/ |

MP013

ISBN978-4-86143-147-0 C0326　　　　Printed in Japan
本書の無断複製複写（コピー）は、著作権法上での例外を除き、禁じられています。